AF259962

I41
6
2689

ORAISON FUNÈBRE

DE

LOUIS XVI.

ORAISON FUNÈBRE

DE

LOUIS XVI,

DÉDIÉE

A

SON ALTESSE ROYALE MONSIEUR,

LIEUTENANT-GÉNÉRAL DU ROYAUME.

Par F. ROULLION–PETIT,

ANCIEN PROFESSEUR D'ÉLOQUENCE ET DE PHILOSOPHIE.

PARIS,

Chez { Cérioux jeune, libraire, quai Malaquais, n° 15.
Chaigneau jeune, imprimeur-libraire, rue Saint-André-des-Arcs, n° 42.

IMPRIMERIE DE CHAIGNEAU JEUNE.

1814.

Famille l'amour et le respect d'un peuple
qui sait apprécier son bonheur ?

Si cette faible marque de mon admiration
et de mon dévouement pour la glorieuse
dynastie dont la splendeur est inséparable
de la prospérité de la France, pouvait avoir
l'avantage de plaire à un Prince que ses
aimables qualités ont rendu l'idole des français, un suffrage aussi éclatant serait pour
mes travaux la récompense la plus glorieuse.

J'ai l'honneur d'être, avec le plus profond
respect ,

MONSEIGNEUR ,

de Votre ALTESSE ROYALE,

le très-humble et très-dévoué serviteur ,

F. ROULLION-PETIT.

Présentée par CÉRIOUX , jeune , Éditeur.

Conformément aux réglemens , nous déclarons contrefaits tous les exemplaires qui ne seraient pas signés par nous ,

Cerisier Lecomte

Nous prévenons le public que nous avons sous presse : *l'Oraison funèbre de Marie-Antoinette , Reine de France*, et de *Madame Marie-Elisabeth , Sœur de Louis XVI*, par le même Auteur.

ORAISON FUNÈBRE

DE

LOUIS XVI.

Qu'une renommée mensongère épuise ses cent voix, pour célébrer les actions de ces prétendus héros, qui promènent leur coupable char en foulant aux pieds leurs tristes et infortunées victimes! Qu'une gloire funeste montre leurs sanglans lauriers à tous les émules du fameux roi de Macédoine! Pour nous, amis de l'humanité, admirateurs de ces vertus utiles, qui ne coûtent point de larmes aux peuples, jetons nos regards sur un spectacle plus digne de notre admiration ou plutôt de notre amour.

S'il est vrai de dire que l'homme privé qui se trouve aux prises avec l'infortune a des droits à la vénération publique, lorsqu'inaccessible aux cruelles passions, il sort

pur et sans tache d'une lutte trop inégale où
tout a succombé, excepté sa vertu ; de quels
sentimens ne devons – nous pas être pénétrés
pour un monarque qui, assis au timon de
l'état, voit se déchaîner contre lui les plus
violentes tempêtes ; voit la plupart des ma-
telots se soulever contre son autorité tutélaire ; et qui, constamment dirigé par les principes d'une généreuse philantropie, ne craint
point de s'exposer à toutes les humiliations,
à toutes les angoisses, à tous les dangers, plutôt que d'arrêter une effervescence dangereuse
par une résistance qui coûterait des larmes et
du sang : pensée noble et sublime qui peint
bien le cœur de l'homme généreux ; et qui doit
faire oublier peut-être la faiblesse qu'on pourrait reprocher au monarque ? A ces traits qui
ne reconnaîtrait le digne descendant du bon
Henri, l'infortuné Louis XVI, ce roi généreux et confiant qui, dans des temps calmes
et paisibles, nous eut retracé par ses vertus pri-
vées l'ame d'un Titus ou d'un Marc-Aurèle,
si le torrent des discordes civiles ne l'eût précipité sur le lit de mort de Charles Ier.

Comment peindre les momens difficiles où

ce prince monta sur le trône? Il n'est personne
qui ne sente toute la force des circonstances
qui pesaient dès son aurore sur le règne de
Louis XVI. Aux guerres ruineuses d'un gouvernement chèrement glorieux avait succédé
une régence, dont la dissipation et les prodi-
galités étaient bien peu propres à rétablir les
finances épuisées de la monarchie. Après cette
administration sans règle et sans principes,
on dut s'apercevoir d'une tendance bien pro-
noncée vers l'affaiblissement de l'autorité,
comme vers l'impuissance de la morale. Des
mœurs plus que légères, dans les personnages
les plus influens, avaient imprimé à la ville
comme à la cour ce mouvement dangereux et
rapide qui franchissant toutes les bornes, brisant toutes les barrières, semblait menacer le
corps social d'une dissolution aussi prochaine
qu'inévitable. Le long règne de Louis XV n'a-
vait pas détruit, tant s'en faut, de justes
craintes auxquelles se trouvaient en proie les
esprits sages et prévoyans; et si d'heureux
commencemens avaient ranimé des espérances
nécessaires au bonheur du peuple, comme à la
prospérité de l'état, des guerres malheureuses,

des traités plus impolitiques , le relâchement
des mœurs, l'affaiblissement de l'autorité, qui
des mains du monarque s'était égarée dans
des mains impures ou infidèles ; toutes ces
causes avaient, dans les derniers temps de
l'administration de Louis XV , grossi l'orage
et accéléré la tempête, qui menaçait de briser
et de disperser au loin l'ordre et l'harmonie ;
seuls capables d'assurer à l'autorité la force
et la vigueur dont elle avait plus que jamais
le plus pressant besoin.

Ces causes étaient suffisantes, sans doute,
pour embarrasser les rouages du gouvernement
et affaiblir la force de son action : mais un levier
dont la force est immense , dont les résultats
sont incalculables, devait plus puissamment
encore ébranler les fondemens de la monarchie ; et dans son action terrible menaçait
l'ordre public d'un bouleversement universel.
L'opinion , qu'un orateur trop fameux a si
justement appelée la reine du monde, n'était
plus cette souveraine douce et timide, circonspecte et soumise , qui s'impose le frein salutaire des mœurs et le joug nécessaire de la
religion ; trop docile aux leçons d'une philo-

sophie trompeuse et mensongère, chaque jour elle égarait ses pas et se précipitait, sans s'en douter, dans l'abyme de l'anarchie, dans le gouffre des discordes civiles : légère et licencieuse, indiscrète et téméraire, cette souveraine qui traîne la foule sur ses pas, qui enchaîne à son char de triomphe et la faiblesse et la force, et l'ignorance et les lumières, se livrait sans retenue à ses coupables égaremens: dans son orgueilleux délire, elle osait interroger les monarques sur leur administration, qu'elle prétendait diriger et éclairer; elle prescrivait des bornes à leur pouvoir, assignait les limites, qu'il n'était pas permis de franchir; discutait leur droit, appelait les peuples à détruire leurs prérogatives et à briser ainsi l'instrument de leur propre bonheur: Dans son audace insensée, elle contestait à la relligion ses dogmes sacrés; disputait à Dieu sa justice et sa puissance; et, pour renfermer tous ses crimes dans un seul, elle voulait substituer le néant à la place du créateur suprême, élever sa puissance au-dessus des maîtres de la terre, et s'asseoir orgueilleusement sur le trône de l'éternel. Ainsi s'étaient brisés tous les liens de l'ordre social ; ainsi disparaissaient avec une effrayante rapidité toutes les croyances qui attachaient le sujet au monarque , la créature à son créateur : ainsi se préparait la plus grande catastrophe qui pût épouvanter le monde , effrayer les nations , en brisant les sceptres et mettant les trônes en poudre.

C'est sous ces sinistres auspices que LouisXVI, à peine âgé de dix-neuf ans, fut appelé à régner. Ce jeune prince ne se dissimula point la difficulté des circonstances où il se trouvait. Aussi, dès les premiers momens de son règne , employa-t-il les moyens qu'il crut les plus propres à gagner l'affection des Français et à se concilier la confiance générale. Il rappela le parlement que Louis XV avait exilé ; choisit des ministres dont l'expérience lui semblait être le garant des lumières et de la sagesse ; supprima les restes d'une servitude odieuse dans toute l'étendue de ses domaines ; et, pour couronner tant de bienfaits par un bienfait plus grand encore, il détruisit cette institution barbare qui couvrait l'humanité de larmes et la justice d'un crêpe funèbre : acte sublime et touchant qui suffirait seul pour immortaliser ce monarque et recommander son nom à l'amour et à l'admiration des races futures, si ses malheurs, qui ne purent être égalés que par sa patience et sa bonté, n'offraient à l'histoire le sujet de ses plus profondes méditations, comme à la France l'objet des plus pénibles souvenirs.

Les efforts et la persévérance du monarque à faire le bien ne restèrent pas sans récompense : il obtint celle que son cœur affectionnait le plus, l'amour et la reconnaissance des Français. Ce peuple aimant et sensible se plaisait à contempler le couple auguste, en qui reposaient ses destinées. La décence et la modestie, ces aimables compagnes des mœurs, avaient repris à la cour un empire qu'elles n'auraient jamais dû perdre ; la majesté du rang n'était point altérée par la licence des manières ; et les graces, pour plaire, ne repoussaient plus les attraits puissans de la pudeur. La cour, rendue à sa dignité, offrait aux Français un spectacle aussi nouveau qu'attachant ; et les acclamations publiques, qu'on se plut à prodiguer aux jeunes souverains, prouvèrent à tous les esprits que la vertu ne saurait jamais être dépouillée de son bienfaisant empire.

Au milieu de ces douces jouissances, dont son cœur était vivement pénétré, le monarque se livrait sans réserve aux travaux difficiles de l'administration. Ses soins et sa noble pensée se portaient plus particulièrement sur cette plaie cruelle de l'état, dont la cure très-difficile sans doute n'était cependant pas impossible. De nouveaux plans appelaient chaque jour attention d'un roi jaloux du bonheur de ses sujets; et des remèdes sans nombre étaient offerts tantôt par des empiriques, tantôt par des médecins habiles qui semblaient commander la confiance. Quel parti prendre, au milieu de ces vues contradictoires, au milieu de ce choc des opinions, au milieu des prétentions de l'amour - propre, des menées d'une ambition sourde, et du conflit de tous les intérêts particuliers, qu'accroissait peut - être l'esprit de corps, qui devait bientôt se convertir en esprit de parti.

Le Roi, naturellement bon, portant également tous ses sujets dans son cœur, craignait, en se prononçant, d'être injuste envers quelques-uns , ou même envers tous. Inspiré par sa belle ame, il avait le premier donné l'exemple des sacrifices , en faisant dans sa maison un grand nombre de réformes. Ce noble et généreux dévouement pour le salut de son peuple ne produisit point l'effet salutaire qu'on pouvait en espérer. Les corps privilégiés n'avaient connu que la douceur et l'habitude des jouissances ; la terrible leçon de l'expérience ne leur avait point encore appris qu'il est des sacrifices nécessaires; ils ne savaient point que, quand une maison est en feu, on doit se borner à conserver ce qui est le plus utile et qu'on s'expose à périr au milieu de la flamme dévorante , lorsqu'on veut s'obstiner à tout conserver.

Un monarque ferme et d'un caractère absolu aurait pris le parti qu'il eût jugé le plus convenable aux circonstances et le plus propre à arracher l'état à la crise dont il était menacé ; il eût fait connaître sa volonté ; imposé silence aux réclamations dictées par l'intérêt particulier ; et assuré l'efficacité de ses mesures par quelques exemples de rigueur. Louis XVI, intimidé par une résistance opiniâtre , incapable d'ordonner des sacrifices qui ne seraient pas reconnus aussi justes que nécessaires, crut que des circonstances aussi extraordinaires lui commandaient de s'écarter de la route commune ; et que, pour imposer des charges onéreuses soit à la nation entière, soit à une partie de ses membres , il fallait s'entourer des lumières de toutes les classes, et intéresser par leur concours à des mesures conservatrices tous les ordres et tous les états du corps social.

Des esprits superficiels, accoutumés à juger de tout d'après les événemens , reprocheront peut-être au monarque français une résolution à laquelle se rattachent tant de désordres et tant de maux ; ils imputeront à la faiblesse cette résolution commandée impérieusement par les circonstances ; et comme si les calculs de la plus haute sagesse ne pouvaient pas être trompés, appuyés sur des événemens que les plus habiles politiques n'ont pu prévoir , ils décideront d'un ton tranchant et absolu que Louis XVI a été entraîné par son caractère ; et que dans cette mémorable circonstance il a payé un dangereux tribut à la pusillanimité.

Telles sont les inconséquences de l'orgueil ; tel est le déraisonnement de l'amour-propre , qui se plait à tout interpréter quand les événemens ont détruit tous les calculs ; qui veut s'arroger la propriété de l'expérience, quand il n'est plus qu'un timide esclave obligé de se traîner sur le passé, pour blâmer des principes dont le voile impénétrable de l'avenir dérobait à tous les regards les funestes résultats. En se reportant vers cette époque critique de la monarchie , en embrassant par la pensée tous les embarras , tous les inconvéniens qui pouvaient résulter de toute autre mesure, on se convaincra facilement que dans la résolution qu'il prit alors, Louis XVI suivit à la fois les inspirations de son cœur et celles d'une politique éclairée.

Les états – généraux s'assemblent ; à peine sont-ils réunis que la plus funeste division se manifeste au milieu d'eux ; ils n'ont point encore délibéré , et déjà la jalousie, les rivalités , l'amour – propre, toutes ces passions qui se montrent avec autant de fracas que de danger dans les grandes réunions, ont détruit cet accord de sentimens et de principes qui pouvait seul sauver le vaisseau de l'état des dangers de là tourmente et l'arracher aux tempêtes. Les discussions les plus violentes, les délibérations les plus tumultueuses, tristes avant-coureurs des orages qui menacent la dignité du trône, président à toutes les délibérations ; chaque parti soutient ses prétentions avec chaleur, défend ses prérogatives avec acharnement ; mais, malgré la résistance la plus vigoureuse, les ordres privilégiés se trouvent forcés de souscrire à des mesures présentées avec autant d'adresse que d'habileté, appuyées d'ailleurs de toute la force de l'opinion publique ; et se trouvent ainsi appelés à délibérer malgré eux sur des matières étrangères à leur mission, et entièrement opposées à leurs intérêts. Dans ces débats trop célèbres et dont les conséquences resteront à jamais gravées dans la mémoire des Français, ou plutôt de tous les peuples, Louis XVI intervint souvent par sa médiation, et n'usa jamais de son autorité. Il s'aperçut peut-être des dangers que courait sa couronne ; mais il ne se dissimula pas non plus les dangers non moins évidens d'une marche rétrograde. Le coup funeste était porté ; le vaisseau de l'état était lancé

sur une mer orageuse; et l'on avait également
à craindre, soit qu'il fût contraint de virer de
bord, soit qu'il fût poussé par la force de
l'ouragan vers des mers célèbres par quelques
naufrages éclatans. Ainsi Louis XVI, en vou-
lant sauver l'état des périls dont il était menacé, se trouva tout-à-coup livré à des circonstances qui traînèrent après elles des dangers plus grands encore.

Cependant les discussions prennent un caractère alarmant. Les hommes appellés à
délibérer sur les moyens de rétablir les finances, donnent à leur mission une étendue
qui ne connaît point de bornes. Ce ne sont
plus seulement les finances dont les envoyés
du peuple veulent s'occuper ; c'est sur la
monarchie elle-même, sur l'administration
toute entière, qu'ils projètent de créer sur
de nouvelles bases, que se portent leurs regards : chaque partie de l'édifice social leur
paraît nécessiter une nouvelle construction ;
et, comme si l'arbre de la monarchie française était vermoulu jusques dans les fondemens, ils veulent revivifier jusqu'à ses
racines les plus profondes. L'opinion générale

secondait puissamment ces entreprises audacieuses ; l'attrait des nouveautés qui règne
avec tant de puissance sur la légèreté française, poussait les nouveaux architectes politiques avec une force irrésistible qui devait
étonner jusqu'aux novateurs eux-mêmes , et
dont aucune puissance ne pouvait plus arrêter
les progrès. Quelle résistance pouvait opposer Louis XVI à ce torrent impétueux qui
renversait tout ce qui embarrassait sa marche?
Quelle digue salutaire opposer à ses débordemens ? C'est vainement que ce prince chercha à s'entourer des lumières et des talens
de ses serviteurs les plus fidèles ; c'est en
vain même que, cédant à l'opinion publique
qui maîtrisait tout , qui entravait tout , il
appela au timon des affaires des hommes
qui, par leur caractère , semblaient devoir
inspirer la plus grande confiance , calmer
toutes les inquiétudes , et rétablir une harmonie dont son cœur sentait le besoin plus
vivement que tout autre ; toutes ces concessions, et cette condescendance qui auraient
dû lui gagner tous les cœurs, lui concilier
tous les esprits, ne firent qu'aggraver les maux

de la monarchie. Chaque jour ajoutait de
nouveaux embarras au gouvernement ; et les
difficultés de tout genre s'accrurent à tel point,
que le chef du pouvoir suprême se vit bientôt
dans la nécessité de changer ses ministres chaque semaine, pour appaiser la fermentation
des esprits et ôter aux ennemis de son pouvoir tout prétexte de nuire.

Mais quelque pénibles que fussent pour le
cœur de Louis XVI toutes ces contrariétés,
toutes ces attaques qui sappaient sans ména-
gement la monarchie jusque dans ses bases,
son ame sensible eut à supporter des douleurs
bien plus amères.

Qu'on se peigne un vertueux monarque qui,
dans toutes ses actions, n'a jamais été dirigé
que par la tendresse et l'affection qu'il portait
à son peuple ; qui a constamment et avec le
soin le plus scrupuleux écarté de sa personne
et de tous ses alentours jusqu'aux moindres
apparences de ce qui pouvait fournir des pré-
textes à la défiance ou au mécontentement ;
qu'on se peigne, dis-je, ce prince infortuné,
livré à toutes sortes d'humiliations, arraché de
son palais de Versailles pour venir habiter

les Tuileries, non comme un roi, mais comme un prisonnier; qu'on se le figure forcé d'abandonner ses gardes fidèles, dont la plupart sont égorgés, forcé de suivre sa triste destinée au milieu d'une foule égarée, livrée à la plus affreuse licence, et qui, aveuglée par des meneurs dangereux, a outragé la majesté royale, profané la demeure des rois, et porté jusqu'aux marches du trône des factieux, qui avaient conçu l'horrible projet de l'ensanglanter. Ce sont là des outrages qui durent affecter vivement l'ame de Louis XVI : il avait tout fait pour mériter l'amour de son peuple; son cœur généreux avait partagé ses souffrances, comme un père partage les peines de ses enfans ; quelle douleur, quel supplice pour un monarque sensible et généreux !

Cependant l'orage grossissait de plus en plus ; chaque jour le danger devenait plus imminent : fatigué de son esclavage et de ses humiliations, ne pouvant supporter plus long-temps l'état d'avilissement auquel il se trouve réduit, Louis XVI prend le parti de quitter une habitation où ses jours ainsi que ceux de sa famille ne sont plus en sûreté ;

áfin de pouvoir énoncer librement sa pensée , et de faire connaître à la nation entière les sentimens qui l'animent et qu'il a besoin d'épancher, soit pour la sûreté du trône , soit pour le bonheur du peuple. Mais des courtisans insidieux, qui, pour arriver au but secret de leur ambition , flattaient à la fois et le monarque et les ennemis de sa couronne , firent avorter cette entreprise. Le Roi, parti avec sa famille, fut ramené dans sa capitale, et bientôt contraint à signer une constitution qui renfermait dans son sein les germes d'une destruction prochaine.

Par suite de cette nouvelle organisation de la monarchie, l'autorité législative était telle, qu'elle devait nécessairement lutter sans cesse avec le monarque : de cette lutte dangereuse, où la puissance de l'opinion devait constamment accompagner un corps essentiellement populaire , résultait évidemment la destruction prochaine de la monarchie. Aussi dès cet instant elle pencha visiblement vers sa ruine ; et la force des événemens rapides qui se renouvelaient chaque jour, était arrivée au point que, dans les mains de tout autre,

2

monarque, les rênes de l'état auraient flotté avec autant d'incertitude et d'irrésolution ; ou plutôt, si une résolution vigoureuse était émanée du trône, cette dangereuse fermeté n'aurait fait qu'accélérer sa destruction. Ainsi Louis XVI, en cédant en quelque sorte au torrent qui l'entraînait, ne se dirigeait point par les principes d'une coupable pusillanimité ; mais il suivait, malgré lui, le seul parti que les circonstances pussent lui conseiller ; et, dans cette conduite, s'il eut à craindre d'être vaincu par des événemens qui le subjugaient, du moins il eut cette conviction bien consolante pour son cœur, que, si le sang français coula dans quelques circonstances, il n'y contribua jamais par ses ordres ni par son approbation, ni par aucun acte qui dépendît de sa volonté ou qui fût la conséquence de ses intentions ; en un mot, il ne fournit aucun prétexte à cette guerre ouverte qu'on fit à la royauté : gardant scrupuleusement la ligne qui lui était tracée par le cercle étroit de la constitution, il marcha constamment d'un pas égal, au milieu des écueils de toute espèce dont il était entouré. De quelle

prudence et de quelle circonspection ne fal-
lait-il pas être doué pour sortir de ce dangereux labyrinthe , où des piéges de tous
genres étaient tendus à sa franchise et à sa
loyauté ? On ne saurait disconvenir qu'en con-
sidérant sous ce rapport l'administration périlleuse dont ce prince se trouva chargé, il serait difficile de ne pas rendre hommage à sa
sagesse ou même à sa prévoyance.

Je ne craindrai pas d'ajouter que cette conduite sage et mesurée , contrariait fortement
les chefs du parti populaire ; ils eussent préféré
sans contredit que Louis XVI eût opposé une
résistance qui leur servît de prétexte, pour ren-
verser la monarchie. Dans les crises politiques,
celui qui tient les rênes du gouvernement doit
généralement prendre pour modèle le grand
Fabius. C'est moins par le courage que par la
prudence qu'on peut paralyser cette force
aveugle et violente qui renverse impitoyable-
ment tout ce qui s'oppose à sa course furi-
bonde. Elle foule aux pieds tout ce qu'elle
trouve, tout ce qu'elle rencontre ; et si l'on n'a
pas des moyens certains pour disperser et détruire ce redoutable fléau, il serait insensé

d'augmenter par son imprudence le nombre des infortunés qui périssent victimes de leur zèle.

Néanmoins, il est un terme à la prudence comme au courage. Une ame douée d'une noble patience peut supporter tous les dégoûts de l'humiliation, lorsqu'elle croit que le temps et les événemens peuvent amener le terme de ses souffrances. Elle dévore en silence ses peines; elle se résigne à supporter ses maux, parce qu'elle a prévu tous les dangers d'une résistance inutile ou impossible; mais quel fruit peut-on recueillir de sa longanimité, lorsqu'au mépris des conventions les plus solennelles, et malgré la conduite la plus sage et la plus circonspecte, on se trouve tout-à-coup en butte à des provocations, à des attaques qui ne peuvent avoir pour but que la destruction? Ici le courage et la fermeté semblent être des devoirs pénibles mais nécessaires; et sans doute Louis XVI, après avoir prouvé, par une patience peu ordinaire, qu'il savait souffrir pour éviter à son cœur le spectacle pénible de l'effusion du sang, montrera enfin que s'il fut sensible parce qu'il fut homme, il est aussi

Monarque, et que ce titre lui impose l'obliga-
tion de défendre sa couronne, lorsqu'il n'est
plus permis de temporiser sans s'exposer à tout
perdre. Ici, le tableau se charge des plus
fortes couleurs : la scène importante qui se
prépare nous commande la plus grande attention ; peut-être la catastrophe qui est immi-
nente, en nous montrant une auguste victime,
va-t-elle nous faire connaître un héroïsme d'un
genre nouveau. Vous tous dont l'ame brûlante
ne respire que le feu de la guerre ; vous tous
qui ne croyez à l'héroïsme que lorsqu'il se dé-
ploye dans les champs du carnage et de la
mort ; ne m'écoutez point ; ce n'est point pour
vous que j'écris...... nous ne saurions nous en-
tendre......

Mais vous, héros de l'humanité, vous dont
l'ame généreuse a toujours admiré le dévouement sublime de Codrus, et flétri de ses mépris l'héroïsme sanguinaire d'Attila , ou même
d'Alexandre ; vos sentimens ont déjà dévancé
ma pensée, et vos yeux se sont mouillés de
larmes en se portant sur ce monarque, infortunée victime de son amour pour son peuple.

Le moment décisif approche : le drame ré-

volutionnaire touche bientôt à sa fin. La marche
rapide des événemens précipite évidemment le
trône vers sa ruine : pamphlets, journaux,
décrets, révolte, tout se dirige ouvertement
contre la monarchie. Ce n'est plus une guerre
sourde qu'on lui fait ; ce n'est plus l'opinion
qu'on forme ou qu'on prépare contre cette institution tutélaire : c'est sa destruction qu'on
médite, qu'on organise, qu'on annonce hau-
tement : tout se dispose, tout se prépare ; la
générale a battu ; le tocsin a sonné ; tout
Paris est sous les armes ; de nombreux bataill-
lons appelés des départemens marchent à la
tête de cette insurrection : partout brille le fer
meurtrier ; de tous côtés s'avance une artillerie
menaçante : le palais du monarque est investi ;
une foule immense se précipite autour de l'auguste demeure des Bourbons ; une armée innom-
brable croise le fer homicide contre le descendant du bon HENRI. Français, quel est votre
aveuglement ? quelle fureur vous transporte ?
pourquoi ces cris de rage et d'indignation ?
Pourquoi ces préparatifs formidables ? Où sont
vos ennemis ? quels dangers vous menacent ?
quel funeste aveuglement vous précipite vers

ce trône, le seul appui de votre bonheur, le
plus ferme soutien de votre gloire ? qu'exigez-
vous de votre monarque ? quels sacrifices vou-
lez-vous imposer encore à son cœur généreux ?
Parlez, répondez ? ne s'est-il pas toujours montré votre ami, votre père ? son existence n'a-
t-elle pas été un sacrifice continuel ? n'a-t-il pas
immolé son bonheur personnel au bonheur public ? Jouissances, autorité, prérogatives, n'a-
t-il pas tout déposé sur l'autel de la patrie ?
que lui demandez-vous encore ? Sa vie, son
sang, tout est à vous ; sa bonté est inépuisable, s'il peut à ce prix assurer le bonheur
de son peuple. Qu'ai-je dit, insensé ! le bonheur peut-il donc s'acquérir par le crime ? Ah !
craignez plutôt, craignez, malheureux Français, d'être les artisans de votre infortune ?
craignez le fléau terrible des discordes civiles !
arrêtés, respectés cette égide tutélaire qui
peut seule vous préserver des plus épouvantables
désordres ! Gardez-vous de toucher à l'arche
sacré du pouvoir, ou frémissez à la vue des
maux qui vous menacent. Si vous détruisez le
gouvernement paternel de Louis XVI, qui le
remplacera ? quelle sera votre destinée ? qui

vous garantira des dangers de l'anarchie ? qui vous préservera de la fureur des proscriptions? Vous croyez établir la république , fonder la liberté: vous poursuivez un vain fantôme qui s'échappera de vos mains. Vous courez après une vaine chimère dont vous serez, hélas! bien cruellement désabusés. Avez-vous donc perdu le souvenir des horribles fureurs de Marius, des sanglantes proscriptions de Sylla ? ne craignez-vous point qu'un moderne Catilina ne couvre de sang et de cadavres votre malheureuse patrie ? qu'un nouvel Attila ne sème la mort et l'épouvante chez tous les peuples qui vous aiment et vous estiment; et qu'après avoir soulevé l'Europe entière contre ses expéditions sanguinaires, qu'après avoir moissonné sans but, sans motif et sans aucun fruit pour vous, toute la jeunesse française, il ne fasse détruire et massacrer , par toutes les nations indignées de ces forfaits, les pères de famille qu'il forcera à défendre la cause de son aveugle et funeste ambition.

Craignez...... mais sourde à mes prières, déjà une impatience cruelle s'est manifestée; le bronze meurtrier a fait retentir son bruit homicide; la mort, de son crêpe ensanglanté, a couvert cette capitale infortunée qui doit être la première victime du fléau des discordes civiles.

Le sang français coule à grands flots : la fureur des assaillants, le courage des assiégés grossissent d'une manière effrayante le nombre des victimes.

Infortuné Louis, qui pourrait peindre toute l'horreur de ta situation à la vue de ce spectacle qui met le comble à tant de douleurs ? Quelle ame pourrait se pénétrer de toute l'amertume de ton sort, dans ce moment pénible et difficile où la force impérieuse des circonstances te plaça entre deux précipices également dangereux ? D'un côté, les fers ou la mort ; de l'autre, l'abandon du trône; la perte du pouvoir suprême et peut-être la honte du déshonneur. Cette voix impérieuse qui commande au souverain comme au sujet, le devoir sacré des rois, ordonne de résister à la révolte, de repousser la rebellion par la force; le cri plus puissant peut-être de l'humanité en pleurs pénètre jusqu'à ton cœur, où retentissent ces mots terribles : fuis généreux monarque, ne souille point de ton auguste présence les champs du carnage : crains que le sang de tes coupables enfans ne rejaillisse jusques sur ton auguste personne, et ne flétrisse pour toujours la douce sérénité de ta belle ame : fuis cet affreux spectacle ; et si le sang se répand à grand flots, qu'aucune goutte ne puisse tacher ton ame irréprochable. C'en est fait, Louis XVI est résolu à sacrifier sa couronne, son existence, son honneur même à cette tendresse inépuisable qu'il a vouée à son peuple. Troublé, désespéré, il porte ses pas vers le foyer des foudres populaires. Il confie sa personne et son destin au volcan révolutionnaire ; et son cœur se soulage en fuyant l'arène sanglante où des enfans égarés achètent, au prix de leur sang, des remords cruels et déchirans. O le plus infortuné des monarques, tu es condamné à déserter le trône pour courir à l'échafaud ! tu es entraîné hors des sentiers de la gloire pour voler à la palme du martyre. Ame sublime et céleste, quel sera le prix d'un dévouement dont l'histoire n'offrit jamais d'exemple ? Une gloire immortelle et sans tache ; une admiration universelle ; et les pleurs du monde entier au récit de tant de malheurs supportés avec tant de courage.

L'auguste victime s'est dévouée : le sacrifice doit être entier. Le trône des Bourbons s'est brisé devant les faisceaux populaires : la liberté, le bonheur, l'existence de Louis XVI seront la proie de l'anarchie. Déjà, le pouvoir, la grandeur, les prérogatives du monarque, tout a disparu : l'indépendance même de l'homme n'est plus ; l'hydre sanglante des discordes civiles a déjà brisé le siége auguste des rois, et mis en pièces cette couronne si belle, si riche, si brillante ; elle a enfermé dans son antre le monarque qu'elle vient d'enchaîner ; et après de longs et douloureux tourmens, elle s'apprête à le dévorer. Quel spectacle douloureux ! le chef suprême d'une puissante monarchie a été précipité du haut de son trône pour être jeté dans l'odieuse demeure des ennemis de l'état ! Un illustre innocent porte des fers réservés au crime ; un souverain devient l'esclave de ses plus vils sujets ! Diadême sacré, vous avez disparu ! Sceptre majestueux, vous n'êtes plus ! Le feu dévorant des calamités publiques a tout anéanti ! On ne voit plus le monarque ;

l'homme est resté seul ! Ce n'est plus le cortége de sa puissance, c'est le cortége de ses
vertus qui l'entoure. Ce n'est plus cet appareil
splendide de l'autorité qui l'accompagne, c'est
la réunion de la douceur, de la patience, de
la bonté qui l'ornent de leur simple splendeur.
En dépouillant le monarque, on a mis l'homme
dans tout son jour ; on l'a montré avec l'apa-
nage imposant de ses nobles qualités ; et la
persécution de l'innocence a dévoilé ces vertus
modestes que cachait à nos regards la dignité
du rang. C'est en vain que la tyrannie s'efforce
d'affaiblir sa victime : les longues persécutions
qu'elle éprouve ne servent qu'à développer, à
agrandir ses vertus ; et Louis XVI, prisonnier
au Temple, est pour les belles ames un objet
plus attachant, plus digne de nos respects, de
notre admiration, qu'un grand monarque sur
le trône.

Plus la coupe d'amertume est inépuisable
pour ce digne prince, plus la source de ses
vertus paraît intarissable ; et ses cruels ennemis auront plutôt fatigué leur rage, qu'ils
n'auront épuisé sa courageuse patience. En vain
dans leur impuissante fureur ils inventent de

nouveaux supplices pour le cœur de ce bon
Roi ; sa douceur inaltérable a déconcerté d'a-
vance les plus coupables résolutions. C'est ainsi
que Louis XVI a montré, dans la plus dure
captivité, l'homme supérieur au sort le plus
rigoureux. C'est ainsi que non-seulement il a
su vaincre tous les dégoûts de son affreuse ad-
versité , mais encore qu'il a pu puiser dans
la force de ses principes , dans la générosité
de ses sentimens, les consolations les plus vives
et les plus touchantes pour les tristes et chers
compagnons de son malheureux sort : amour
conjugal , tendresse paternelle , liens du sang ,
nobles et dignes affections de la nature , jamais
votre empire ne fut plus beau, ni plus puissant,
que dans ces momens terribles où Louis XVI
eut à supporter toutes les humiliations qui ten-
dent à briser ou affaiblir ces doux et tendres
épanchemens nécessaires sans doute à l'homme
fortuné , mais bien plus nécessaires encore à
l'homme frappé des coups redoublés du plus
cruel destin, jeté hors du sein de la société ,
repoussé du commerce de ses semblables ,
pouvant à peine reposer sa tête sur l'oreiller de
l'espérance , et forcé de se réveiller sans cesse

au bruit des instrumens de la tyrannie sous
laquelle il gémit. Son ame n'est point affaisée ;
son cœur n'est point abattu. Réfugié au sein
de sa conscience, il supporte avec constance
tous ses maux ; et si sa douloureuse position lui
arrache quelques soupirs, ses regrets ne se
portent ni sur cette pompe souveraine dont on
l'a dépouillé, ni même sur les cruelles souffrances qu'il endure : s'il gémit, c'est sur le
sort de sa triste famille, jetée comme lui dans
le gouffre du malheur : ne pouvant plus lui of-
frir les jouissances attachées à son rang ; lui
départir les prérogatives qui appartiennent au
pouvoir suprême, il partage douloureusement
avec elle la coupe d'amertume dont son ame
est abreuvée. Naguères chef de l'état, il pouvait distribuer le bonheur ; désormais tout ce
qui est attaché à son sort ne peut connaître que
les souffrances et le malheur. Triste et cruelle
métamorphose qui doit nous prouver que dans
cette vallée de misère et de larmes tout est
fragile et périssable ; et que la vertu seule peut
braver les rigueurs du sort.

Cependant le monarque infortuné avance
vers la fin de sa pénible carrière : il doit

voir bientôt le terme de sa douloureuse agonie ; la plus affreuse catastrophe doit seule terminer cette affreuse existence : qu'il s'apprête à boire jusqu'à la lie le calice de la douleur : sa cruelle destinée est de parcourir le cercle funeste des plus redoutables épreuves. Ce n'est point assez pour ses cruels ennemis de l'avoir précipité du faîte des grandeurs et de la puissance ; ce n'est point assez d'avoir jeté le vertueux monarque dans le malheur et dans les fers, une épreuve bien plus pénible encore lui était réservée. Louis XVI, inviolable sous la pourpre des rois, devait être accusé ; Louis XVI, le père de son peuple, devait s'asseoir sur l'odieuse sellette de la révolte et de la rebellion. Louis XVI, qui avait lui-même brisé son pouvoir pour arrêter le torrent des guerres civiles, devait répondre à l'accusation d'avoir fait répandre le sang français. Justice éternelle ! étiez-vous donc couverte d'un voile impénétrable et sacré, puisque vos droits et votre puissance étaient bravés avec la plus coupable impudeur ! . . . . .

Mais le pouvoir et la vertu devaient suc-

comber sous les coups dangereux de la révolte et du crime, comme le bonheur et la
prospérité des Français devaient faire place
à l'infortune et aux désastres, comme l'ordre
et le calme devaient être remplacés par le
plus épouvantable désordre et par les agi-
tations les plus terribles.

Louis XVI, jugé par des sujets rebelles,
est lui-même condamné comme un révolté
contre la toute-puissance du peuple.

On lui applique la loi des vaincus, et on
offre à la terre le scandale inoui d'un monarque puni, parce qu'il n'a pas voulu com-
battre son peuple ; d'un Roi conduit au
supplice, parce qu'il a eu la générosité de
se laisser vaincre plutôt que de diriger la
foudre qu'il tenait en son pouvoir, plutôt
que de semer la mort au milieu d'un peuple
qui n'a jamais connu que ses bienfaits.

C'en est fait, et le monarque et l'homme
ne sont plus ! l'ame de S. Louis s'est envolée
vers les cieux ! la vertu a reçu la glorieuse
palme du martyre ! Peuple malheureux,
écoute les dernières paroles de ton souverain : *Je meurs innocent ; fasse le ciel que*

les Français n'aient jamais à se repentir de ma mort !

Ainsi son vœu prophétique exprimait encore sa tendresse pour son peuple jusque dans ce moment terrible où son ame devait être livrée à une trop juste indignation ; ainsi son auguste et touchant caractère ne se démentit pas un seul instant ; ainsi, jusqu'à son dernier souffle, il ne vécut, il ne respira que pour le bonheur de son peuple ; ainsi il oublia sa douleur, méconnut l'injustice de ses enfans ingrats, pour ne s'occuper que du malheureux sort qu'il prévoyait leur être réservé.

Ombre magnanime ! mânes augustes ! du haut du séjour céleste, où vos vertus vous ont placé, daignez abaisser sur ce peuple infortuné un regard de compassion et de tendresse : voyez que de larmes, que de douleurs, que de sang lui ont coûté ses funestes égaremens : c'est vers vous qu'il élève sa pensée, qu'il porte ses regrets et son repentir ; c'est dans votre auguste famille qu'il concentre toutes ses espérances de bonheur et de tranquillité. Que ses vœux ardens ne soient point trompés ; qu'après tant d'orages et de tempêtes, il trouve enfin le calme au port qui lui est assuré ; que sa destinée ne soit plus exposée aux attentats de la tyrannie ; que les douceurs de la paix viennent cicatriser les plaies profondes qu'ont occasionnées les fureurs d'une aveugle ambition ; qu'à l'abri désormais de toute navigation périlleuse, le vaisseau de l'état puisse enfin jouir d'un repos si nécessaire et si désiré ; et que sous l'égide protectrice des lys bienfaisans, la France recouvre pour toujours sa splendeur et sa prospérité.

FIN.